人工智能机器人基础

初级

下册

主　编　闵海波
副主编　张建忠　王　龙

清華大学出版社
北京

内 容 简 介

本套书面向义务教育阶段的小学生，内容符合《义务教育信息科技课程标准（2022年版）》的要求，育人目标明确，知识脉络清晰。本书融合人工智能、机器人、编程等领域的核心概念，强调认知与应用并重，运用场景化、探究式、项目式等学习方式确保真实性学习，在提升学生数字素养与技能的基础上，重点培养学生的人工智能素养。

本书内容以单元项目的形式展开，引导学生围绕机器人的“运动”，探索其中涉及的机械原理、能量转化、信息传输、算法控制等多学科知识，进一步培养学生跨学科的科学探究与问题解决能力。

图书在版编目（CIP）数据

人工智能机器人基础：初级．下册 / 闵海波主编. —北京：清华大学出版社，2024.1（2025.9 重印）
ISBN 978-7-302-65121-5

Ⅰ. ①人… Ⅱ. ①闵… Ⅲ. ①智能机器人—小学—教材 Ⅳ. ① G624.581

中国国家版本馆 CIP 数据核字（2024）第 010114 号

责任编辑：赵轶华
封面设计：傅瑞学
责任校对：赵琳爽
责任印制：宋　林

出版发行：清华大学出版社
网　　址：https://www.tup.com.cn，https://www.wqxuetang.com
地　　址：北京清华大学学研大厦 A 座　　**邮　　编：**100084
社 总 机：010-83470000　　**邮　　购：**010-62786544
投稿与读者服务：010-62776969，c-service@tup.tsinghua.edu.cn
质量反馈：010-62772015，zhiliang@tup.tsinghua.edu.cn
印 装 者：小森印刷（天津）有限公司
经　　销：全国新华书店
开　　本：185mm × 260mm　　**印　　张：**5.25　　**字　　数：**88 千字
版　　次：2024 年 1 月第 1 版　　**印　　次：**2025 年 9 月第 3 次印刷
定　　价：50.00 元

产品编号：105479-02

前言 PREFACE

同学们，提到人工智能，你们会想到什么？除生活中常见的人脸识别、语音识别之外，你们一定听说了风靡全球的生成式人工智能，或许很多人还没有机会体验它的强大，但是人工智能再一次向人类展现了变革世界的能力。完全可以预见，人工智能一定会越来越深刻地影响人们的学习、生活和工作，也许就在不久的将来，电影中的场景将成为现实，人工智能产品将成为人类最得力的工作伙伴。那我们该如何应对人工智能带来的机遇和挑战呢？从现在开始，更好地了解这项快速发展的技术，认识到它的巨大作用，在此基础上培养自身的信息科技素养，或许能帮助大家找到适合自己的发展方向，更好地适应未来社会。

近几年，关注人工智能教育已经成为全人类的共识，欧美一些国家还特别制订了翔实的行动计划。我国也高度重视发展人工智能教育，在国务院于 2017 年 7 月出台《新一代人工智能发展规划》之后，教育部陆续发布了一系列政策文件，对人工智能教育做出规划。

人工智能教育需要从娃娃抓起，但因为人工智能知识很抽象、很复杂，所以为小学阶段的学生设计合适的人工智能课程，不是一件简单的事情。为了解决这个难题，这套教材的设计者们找到了人工智能机器人这个好帮手，通过它，大家可以将机器人的“人工智能”和人的“自然智能”做比较，从而敲开人工智能世界的大门。需要说明的是，本套教材需要搭配人工智能机器人硬件及体系化数字课程资源使用。教材的设计侧重于为硬件操作和课程学习提供清晰的步骤指引，帮助大家更好地衔接理论知识与动手实践。相信在人工智能机器人的配合下，结合体系化的课程内容，本套教材一定能很好地激发大家学习的热情。

本书一共包含三个项目。

项目一是“机器人的机械结构”，你们将探究机器人机械结构的三个关键部分——机械臂、移动机构、传动机构中隐藏的“运动”秘密。

项目二是“机器人中电的秘密”，你们将探究机器人的传感器和执行器怎样在电的驱动下工作，电路又在其中发挥了哪些关键作用。

项目三是“机器人的控制中枢”，你们将学习机器人的控制器如何通过运行程序来发挥中枢作用，探究控制器怎样做出运动规划、路径规划等。

配合项目式学习的过程，本书为大家提供了丰富的人工智能科普知识，包括具身智能、路径规划及大语言模型能够为机器人带来的影响等。另外，在程序设计方面，大家不仅要继续使用流程图来规划编程步骤，还会学习如何运用循环结构程序对机器人做出复杂控制。

本套教材将人工智能、机器人和编程等相关知识有机融合，同时遵循教育部颁布的《义务教育信息科技课程标准（2022 年版）》，注重培养学生的信息科技素养。期待使用本套教材的同学们，不仅能发现和探索一个未知的世界，更能拓展认识未来的不同思维方式和实践路径，发展计算思维、工程思维、创新思维等，成为具备信息科技核心素养的未来建设者。

编 者

2023 年 10 月

目 录
CONTENTS

项目一 机器人的机械结构 1

项目目标 2

项目过程 3

第 1 课 机器人的机械奥秘 4

第 2 课 机器人中的杠杆 7

第 3 课 机器人中的齿轮 10

第 4 课 机器人的移动 14

第 5 课 机器人的重心与平衡 17

知识链接 20

拓展阅读 23

项目评价 26

项目二 机器人中电的秘密 27

项目目标 28

项目过程 29

第 1 课 机器人中的电路 30

第 2 课 机器人的信息显示 33

第 3 课 机器人的传感器 36

第 4 课 机器人的执行器 38

知识链接 40

拓展阅读 42

项目评价 46

项目三 机器人的控制中枢 47

项目目标 48

项目过程 49

第 1 课 机器人的控制器 50

第 2 课 机器人的运动规划 53

第 3 课 机器人的路径规划 56

第 4 课 机器人的运动循环 59

第 5 课 机器人避障前进 62

知识链接 65

拓展阅读 67

项目评价 70

附录 综合测评 72

同学们，你们好，宾果又跟大家见面了。还记得之前我们一起探索了人工智能机器人的哪些秘密吗？我们发现机器人作为一个完整系统，由传感器、控制器、执行器和机械结构组成，这些部分相互配合，机器人才能顺利完成工作。对了，要想让机器人安全地为人类服务，人类通过程序对机器人进行的控制尤为重要，没错，这个控制过程是按照“输入—计算—输出”三个典型环节展开的。偷偷地告诉大家，所有的这些秘密，我都记在了存储器中，等收集完所有信息，我就能回去拯救我的家园了。

这个学期，我们将继续探索人工智能机器人的奥秘。我发现地球上的机器人都是运动高手，据说这是人类科技文明的集中体现，涉及机械原理、能量转化、信息传输、算法控制等。我已经迫不及待了，大家准备好了吗？让我们继续踏上探索人工智能机器人的神奇之旅吧。

项目一

机器人的机械结构

同学们，机械结构是机器人系统的组成部分之一，它决定了机器人的外观、运动方式及负载能力等。随着人工智能、机械设计、材料科学的不断发展，“具身智能”这样的前沿学科领域已经开始关注机械结构“形态”与机器人智能的关系。机械结构与机器人运动之间的关联，则是具身智能研究的基础。这个项目，就让我们从“运动”的角度来探索机器人机械结构的秘密吧。

项目目标

1. 了解机器人的机械结构（由机身、移动机构、传动机构、机械臂等部分构成），并初步理解机械结构在机器人运动过程中发挥的重要作用。
2. 了解杠杆的定义与工作原理，能找出杠杆的支点、动力和阻力，并理解机械臂中使用费力杠杆的原因。
3. 了解传动机构在机器人运动中发挥的动力传输和运动控制的作用，并通过实验探究齿轮传动如何控制运动加速、减速。
4. 能够通过模拟活动总结出轮式机器人的两种基本移动方式——直行与转向，并理解差速转向的基本原理。

5. 了解重心的概念，并能用简单的方法找到均质、规则物体的重心，能通过实验探究总结出机器人的重心位置与自身平衡的关系，归纳出提高机器人平衡性的一般方法。

项目过程

本项目设计了 5 次课，共 5 个学习活动。同学们将在老师和人工智能机器人的引导下，通过观察、讨论、小组合作等方式完成项目活动，达成学习目标。

活动一：观察宾果机器人，按功能对其机械结构的组成做出分类，然后编写程序让机器人动起来，并观察总结机器人的不同运动方式，关注机器人机械结构与运动的密切关系。

活动二：探究怎样改变支点位置与动力、阻力大小使杠杆保持平衡，总结出省力杠杆的结构特点；通过“投石车”小实验，观察费力杠杆的作用过程，理解机器人采用费力杠杆能够为机械臂带来更大的操作灵活性。

活动三：观察齿轮传动的过程，探究齿轮组作为传动机构如何对运动速度和方向做出控制，初步理解传动机构能够为机器人的其他机械结构传递动力，并运用所学知识选择恰当的齿轮设计一个加速装置。

活动四：开展两轮机器人差速转向的模拟实验，理解差速转向的基本原理，并运用该原理分析宾果机器人直行与转向时两个轮子的转速差异。

活动五：通过实验，探究重心位置高低对机器人自身平衡的影响，并运用探究获得的知识，结合生活经验，完成提高机器人平衡性的设计活动。

第 1 课　机器人的机械奥秘

想一想

我们已经学习了机器人系统，你还记得机器人是由哪几部分组成的吗？很多时候机器人通过运动来完成任务，为人类服务，那么，需要让机器人的哪部分动起来呢？

探一探

1. 仔细观察宾果机器人，它是人形机器人，它身上的机械结构可以分成哪些部分呢？进一步思考，这些部分都有哪些功能呢？这些部分的功能相同吗？

2. 下面是不同种类的机器人，请找出它们各自的移动机构并圈出来。

3. 你在生活中见到的机器人都有哪些运动方式呢？它们可以为我们做什么？小组讨论一下吧。

练一练

一、判断题

1. 让机械结构动起来完成特定的动作任务，是机器人为人类服务的基本方式。（　　）

2. 传动机构不属于机器人的机械结构。（　　）

二、多选题

下列选项中，与机器人运动直接相关的机械结构包括（　　）。

A. 传感器　　B. 机械臂

C. 传动机构　　D. 移动机构

三、思考题

随着人工智能技术的充分发展，机器人可以怎样发挥自己的运动优势，为人类的生活带来更多便利？同时又会产生哪些隐患呢？

第 2 课　机器人中的杠杆

想一想

你可能见过机器人在仓库中用机械臂搬运货物的场景，机械臂的抬升、抓取、释放等动作是怎么实现的呢？这些动作背后隐藏着什么机械原理呢？

探一探

1. 当一根木棍被用来撬动重物时，它就不再是一根普通木棍，而是变成了一种简单机械——杠杆。下图就是一根杠杆在工作的场景，假设其中较大的法码给杠杆施加的是阻力，请在图中分别标记出支点、动力和阻力。

2. 在演示实验中，运用杠杆能够用较小的力抬起较重的物体，想要做到这一点，需要杠杆具备什么特点呢？

3. 想让机械臂的末端有更大的活动范围，应该选用什么样的杠杆呢？

练一练

一、判断题

1. 所有的杠杆都能省力。（　　）
2. 人在选择使用杠杆时，应该优先考虑它是否省力。（　　）

二、单选题

使用杠杆工作时，通常不会考虑它的（　　）。

A. 支点　　B. 动力

C. 阻力　　D. 重心

三、思考题

生活中还有哪些物品用到了杠杆原理？将你的发现记录下来吧。

第 3 课　机器人中的齿轮

想一想

你见过齿轮吗？它可是机器人机械结构中常见的一种装置，那么对于机器人的运动来说，它有什么作用呢？

探一探

1. 仔细观察下面这组齿轮，单个齿轮的外形特征是怎样的？多个齿轮是怎么“连”在一起的？

2. 观察课堂中齿轮组的工作情况，记录你观察到的现象，然后思考一下，机器人的齿轮组在工作时，能为机器人带来怎样的效果？

将大齿轮和小齿轮啮合在一起，当转动大齿轮时，小齿轮转动方向和大齿轮转动方向________（相同 / 相反），小齿轮转动速度比大齿轮________（快 / 慢）；当转动小齿轮时，大齿轮转动方向和小齿轮转动方向________（相同 / 相反），大齿轮转动速度比小齿轮________（快 / 慢）。

3. 齿轮可以传递动力，想用齿轮提高轮式机器人移动速度的话，你有什么好方案吗？请把它画出来。

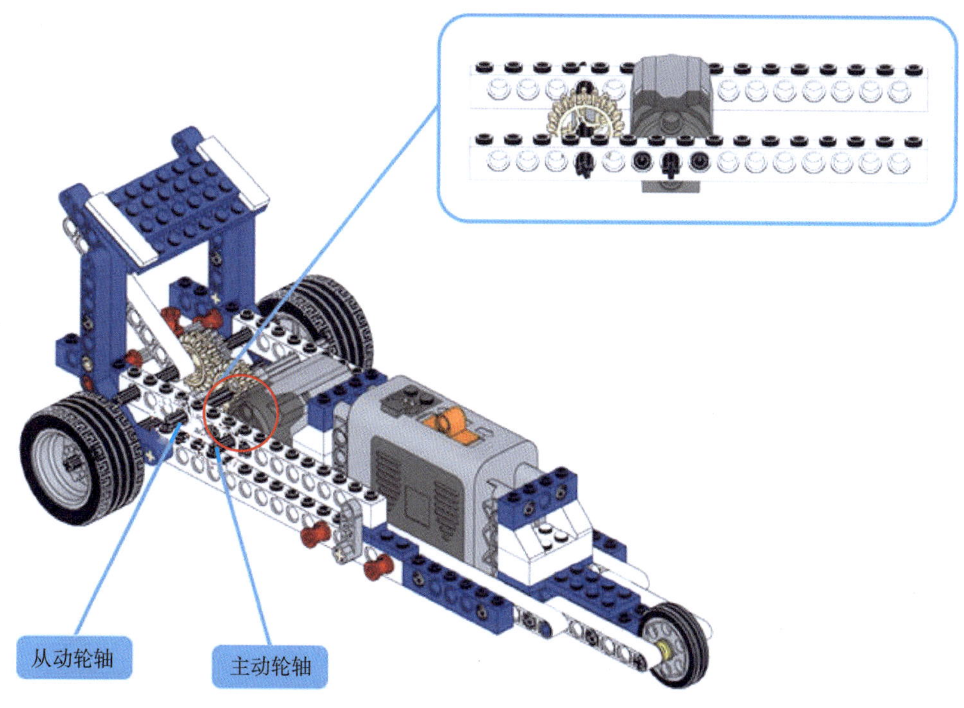

4. 齿轮在生活中的应用非常广泛，你还知道哪些齿轮应用的例子呢？

练一练

一、判断题

1. 齿轮可以传递动力。 （　　）
2. 当两个齿轮啮合在一起正常工作时，它们转动的方向是不同的。 （　　）

二、单选题

当两个大小不同的齿轮啮合在一起时，转动大齿轮，下面描述正确的是（　　）。

A. 大齿轮转得比小齿轮快

B. 小齿轮转得比大齿轮快

C. 大齿轮和小齿轮转速相同

D. 无法确定哪个齿轮转得更快

三、思考题

三个齿轮啮合在一起，当 A 齿轮顺时针转动时，另外两个齿轮的转动方向是怎样的？请在图中画出来。

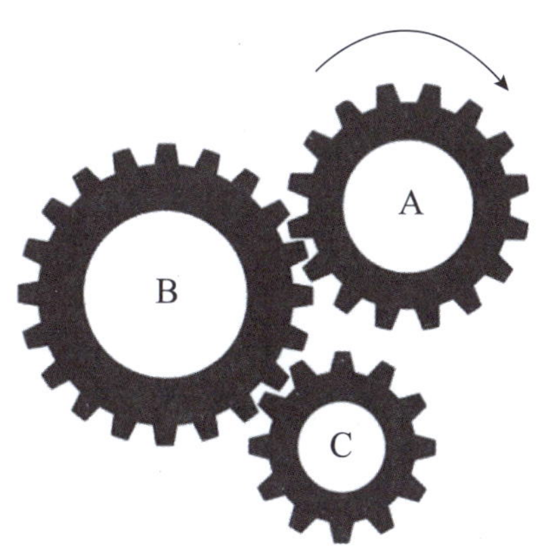

第 4 课　机器人的移动

想一想

不管是在现实生活中还是影视作品中，机器人移动的场景都很常见。不同机器人移动的方式各不相同，但是通常都能直行或转向。那对于两轮机器人来说，它是怎样实现直行与转向的呢？

探一探

1. 宾果机器人的移动主要依靠左、右两个轮子来完成，万向轮起到了辅助的作用。请你找一位同学合作，一人的左臂搭上另一人的右臂，然后面向同一方向，分别用行走来模拟宾果机器人两个轮子的转动，一起来探索两轮机器人直行与转向的秘密吧。

(1) 当两个“轮子”以相同的速度向前走时，两轮机器人会怎样移动？

(2) 当两个“轮子”以不同的速度向前走时，两轮机器人会怎样移动？“左轮”速度更快时会怎样？“右轮”速度更快时会怎样？

（3）通过实验，你发现两轮机器人移动时是怎样直行与转向的呢？

2. 在程序的控制下，宾果机器人可以移动，完成直行与转向。请你运用前面学习的知识，分别描述宾果机器人在直行与转向时两个轮子的速度关系。

练一练

一、判断题

1. 差速转向是一种利用轮子之间的转速差异来实现转向的方式。（ ）
2. 两轮机器人直行时，它的两个轮子转动速度相同。（ ）

二、单选题

下列关于两轮机器人右转时描述正确的是（　　）。

A. 两轮转速相同

B. 左轮转速快，右轮转速慢

C. 左轮转速慢，右轮转速快

D. 没有特定关系

三、思考题

本节课我们探究了两轮机器人直行与转向的原理，结合现实经验思考一下四轮机器人该怎样转向。

第 5 课　机器人的重心与平衡

想一想

我们知道，机器人自身的平衡跟它的重心有关，想要设计一个能很好地保持平衡的机器人，应该怎么做呢？

探一探

1. 重心的位置会影响物体的平衡，你能找出下面物体的重心吗？请把你的方法记录下来。

2. 重心的高低会影响机器人的平衡状态吗？如果会，那么有怎样的影响呢？通过实验探究一下吧。

（1）用一些重物加重机器人的腿部（即降低机器人的重心），将其放到斜面上，机器人的状态是什么样的？

（2）用同样大小的重物加重机器人的头部（即提高机器人的重心），将其放到同样的斜面上，机器人的状态是什么样的？

（3）实验发现，为了让机器人尽量保持平衡，设计机器人时应考虑________（降低 / 提高）其重心。

3. 如果让你设计一个能在运动时很好地保持平衡的机器人，结合本课所学的知识，你该怎么做呢？请用设计草图展示你的想法，并给出理由。

练一练

一、判断题

1. 一个物体的重心越高，它就越容易保持平衡。（ ）
2. 机器人在运动时它的重心位置始终保持不变。（ ）

二、多选题

以下关于机器人重心与机器人自身平衡的关系，描述正确的是（ ）。

A. 机器人运动时它的重心会发生偏移，这会对它的平衡产生影响

B. 提高机器人的重心，能够让机器人更容易保持平衡

C. 降低机器人的重心，能够让机器人更容易保持平衡

D. 机器人的重心位置跟它自身的平衡没有关系

三、思考题

人体的重心大致在腹部，运用本课所学知识，解释一下为什么人在滑雪、骑车等高速运动时要压低身体。

知识链接

1. 人形机器人

什么是人形机器人？根据国际标准 ISO 8373：2021 中的定义，人形机器人是具有躯干、头和四肢，外观和动作与人类相似的机器人。电气电子工程师学会（Institute of Electrical and Electronics Engineers，IEEE）的机器人与自动化协会（Robotics and Automation Society，RAS）认为，人形机器人是一个机器人系统，它的外观、动作和功能设计模仿人体，以便与人类进行物理交互和沟通。

总体来说，国际上公认的人形机器人定义主要强调它具有人形外观和模仿人类动作的能力，以便与人类进行物理互动和沟通交流。

2. 机器人中的杠杆

让机器人完成复杂的动作任务，是一项十分困难的工作，需要整个机器人系统的相互配合。机器人的机械结构中包含了诸如杠杆、齿轮、连杆等机械装置，将这些机械装置有机组合起来，就能够支持机器人做出复杂动作了。

杠杆是机器人机械结构中常见的一种装置，它是一个能够转动的刚性结构。杠杆要想动起来，涉及五个要素：支点、动力、动力臂、阻力、阻力臂。一切应用杠杆原理做动作的过程，都离不开这五个要素。

拿最基本的托起重物来说，机器人的机械臂托起重物的方式跟人体手臂托起重物的方式是类似的，都用到了杠杆原理。

先从人体手臂托起重物说起。从下图中可以看出，要托起手掌中的重物，前臂是刚性结构，肘关节就是杠杆绕其转动的支点，图示的肌肉收缩，提供了拉起杠杆的动力，而重物向下的重力，就是阻碍杠杆转动的阻力了。

对应到机器人的机械臂，机械臂通常包含多个杠杆，以只包含一个杠杆的简单机械臂为例，它由硬直的金属材料做成，是刚性结构，它会围绕机械关节做动作，机械关节就是支点，液压装置可以为机械臂提供动力，起到人体肌肉的作用，重物的重力依然是阻碍杠杆转动的阻力。

不管是人的手臂还是机器人的机械臂，这样的结构有一个明显的好处，动力只需轻微拉动杠杆，就能给托起重物的一端带来较大的活动范围，这就带来了很大的活动灵活性。但是，这也有一个坏处，就是更费力了。为什么会是这样的效果呢？这是由杠杆的动力臂和阻力臂之间的长短关系决定的。通过课堂的探究，大家发现其中的规律了吗？

整体来看，机器人的动作相当复杂，但是再复杂的动作也都能够分解成简单动作的组合。只有弄清楚每种机械的运动原理，才能够根据任务的需要，设计出恰当的机械组合，构建出机器人合理的机械结构。

3. 机器人中的传动机构

传动机构是机器人机械结构的重要组成部分，机器人为什么要有传动机构呢？

首先，动力传递需要传动机构，机器人通常需要从执行器，也就是电动机（马达）或者液压、气压装置处获得动力。而执行器的位置通常跟机器人需要运动的位置或部件有一定的距离，因此，需要依靠传动机构将动力传递过去，从而实现机器人的运动或工作。

其次，在动力传递的过程中，往往还需要进行动作控制，传动机构可以通过调整传动比例或传动方式来控制机器人的运动，例如改变速度、转向或改变运动方式等。这样一来，机器人就可以实现精确的运动控制，满足不同的任务需求了。

在机器人的传动机构中，齿轮传动是主力军，齿轮传动在传递动力时传递效率高、减震性能好，相比于链条传动、皮带传动，齿轮传动更加可靠。而且，齿轮传动可以实现减速或增速，实现不同的动力输出，满足机器人不同部位对动力的不同需求。

除了齿轮传动，机器人还广泛采用了连杆机构进行传动，连杆机构可以实现机器人围绕关节的运动，如平移运动和旋转运动。它可以将电动机的旋转运动转换为各个关节需要的运动形式，比如让机器人实现跟人一样的足腿式运动。

4. 轮式机器人的转向方式

差速转向是指通过控制左、右两侧轮子的转速差异来实现转向。当左、右轮速度相等时，机器人直行；当左、右轮速度不等时，机器人会转向。这种转向方式简单且易于实现，适用于小型轮式机器人。

前轮转向是指机器人的前轮用于转向，后轮用于驱动，通过控制前轮的转向角度来实现转向。这种转向方式常见于汽车和一些大型轮式机器人。

四轮转向是指机器人的四个轮子都可以独立转向，通过控制各个轮子的转向角度来实现转向。这种转向方式可以实现更灵活的转向和更小的转弯半径，适用于需要高机动性和精确控制的场景。

· 拓展阅读 ·

1. 杠杆的历史

杠杆是什么时候发明的？这个问题的答案已经不可考证了，因为很难判断早期留下的一根木棍具体是做什么用的，它是否扮演了杠杆的角色。

但是有证据证明，每一个早期文明都使用了杠杆，例如古埃及的书籍中就讲述了古埃及人如何利用杠杆建造各种大型建筑，那个时候，人们已经掌握了使用杠杆来省力的窍门。不过正式记载杠杆的使用和它的工作原理的人是公元前 3 世纪的阿基米德。

阿基米德出生于古希腊文明晚期，擅长用数学的方式来表达经验中蕴含的科学原理。他提出了力矩的物理概念（力乘以力臂），并且是第一个认识到“杠杆两边力矩相等”这一原理的人，他用力矩的概念解释了杠杆可以省力的原理。正是基于这一点，他才说出了那句名言：“给我一个支点，我就能撬起整个地球。”

由于对机械原理有着深刻理解，阿基米德利用杠杆制造了著名的工程机械——投石机。随着历史的发展，人们利用杠杆原理制造了很多机械设备，其中，各种机械臂就是杠杆原理在人工智能机器人领域的应用之一。

2. 足腿式机器人

相较于轮式机器人，足腿式机器人在起伏较大的地形中，具有很好的适应性，特别是在地形复杂的救灾环境中，足腿式机器人能够更好地保持平衡，进行移动。

人类文明早期历史上有很多人制造过仿人或动物的机械系统，比如《三国志》中记述了诸葛亮发明的木牛流马。但是真正符合足腿式机器人定义的机器人系统在第二次世界大战之后才被研究出来，并且随着电子计算机和自动控制理论的发展而飞速进步。1965 年，美国通用电气公司制造了重达 1400 千克的“行走卡车”，通过液压和机械机构传动，卡车能够承载一个人类操作员的重量。1984 年，美国俄亥俄州立大学的一位教授设计出了用电子计算机控制的足腿式机器人。

后来，随着美国波士顿动力公司的足腿式机器人在互联网上大放异彩，广大民众也开始关注足腿式机器人的商业化应用。近几年，我国的足腿式机器人行业也有了发展。得益于多年在制造业中的积累，低成本地制造一台运动能力很强的足腿式机器人在我国已经不再是难事。相信随着时间的推移，大家能够在生活中见到越来越多的足腿式机器人忙碌工作的身影。

3. 基于形态的“具身智能”

控制足腿式机器人像人一样平稳、快速地移动，是非常困难的事情，通常需要非常复杂的机械结构，还需要机器人的控制器进行大量计算。然而，人在行走的时候，并不需要耗费过多的脑力，似乎人的双腿自然地就知道该如何在地面上行走。还有，人在拿取一个物体的时候，并不需要对物体的材质、形状、大小、姿态等进行精确估计就能很容易地实现，而人工智能机器人则需要耗费大量的计算才能控制复杂的机械臂做到这一点。

其实，人类平稳行走、拿取物体这样的日常行为，更多的是依靠双腿、双手的结构特点来实现的，不需要大脑过多参与，这就为科学家提供了一个思路：是不是可以通过优化机器人的结构，仅仅使用很少的计算，就能让人工智能机器人更“自然”地动起来呢？已经有人想到了这一点，20 世纪 90 年代就出现了“被动行走机器人”，这类机器人只需要一点微弱的动力源，就可以在平面上像人类一样自然行走。

目前，这类研究越来越受到重视，从关注“形态中的智能”着手，发展出了人工智能领域新的研究方向——具身智能。具身智能强调智能受脑、身体与环境协同影响，更侧重关注智能体与环境的“交互”。

· 项目评价 ·

本项目完成后，请你按照评价表对学习过程进行评价。

序号	评价内容	达成情况		
		达成	部分达成	尚需努力
1	知道机器人机械结构由机身、移动机构、传动机构、机械臂等部分组成			
2	能够理解机械结构与机器人运动密不可分			
3	了解杠杆的定义与工作原理，能够在真实案例中找到杠杆的支点、动力、阻力			
4	能够基于杠杆工作原理，理解机械臂中使用费力杠杆是为了获得更大的活动范围			
5	初步理解传动机构在机器人运动过程中起到了动力传输和运动控制的作用			
6	能够通过实验观察总结出齿轮传动加速、减速的规律，并能据此设计出齿轮传动加速装置			
7	能够通过模拟活动理解差速转向的基本原理，并能利用该原理正确分析出两轮机器人在直行、转向时两个轮子的转速差异			
8	能够通过实验总结出重心位置高低对机器人自身平衡的影响，并能设计出合理方案提升机器人的平衡性			
9	积极参与讨论与分享，在讨论与分享过程中能够清晰表达个人想法，并能认真倾听同伴的观点			

项目二

机器人中电的秘密

同学们，电是当今人类社会最重要的一种能量形式，机器人系统的运行同样需要电的支持。那么，电在机器人系统中是怎样发挥作用的？机器人的传感器和执行器怎样在电的驱动下工作？电路又在其中发挥了哪些至关重要的作用？这个项目，让我们从最基本的电路出发，一起来探究机器人中电的秘密。

项目目标

1. 了解什么是电路，知道电路由电源、导线、用电器、开关这 4 个基本部分组成，并了解电路通断如何影响用电器工作。
2. 初步理解机器人中的电路具有信息传输和能量转化的作用。
3. 进一步理解机器人显示屏中像素的作用，了解机器人显示屏显示信息的一般性原理，并知道显示屏所在的电路工作时，既有信息传输，也有能量转化。
4. 进一步理解机器人的传感器能将外界环境信息转化为机器人能够处理的电信号，并了解电路在传感器工作时发挥的信息传输作用。

5. 知道电动机和舵机是机器人最常使用的执行器，它们为机器人机械结构的运动提供动力。
6. 了解电动机的基本结构，能从能量转化的角度解读其工作原理；了解舵机的组成结构，并知道舵机相比电动机在精确控制上具有优势的原因。

项目过程

本项目设计了 4 次课，共 4 个学习活动，同学们将在老师和人工智能机器人的引导下，通过观察、讨论、小组合作等方式完成项目活动，达成学习目标。

活动一：通过连接实物电路的实验，直观了解电路的基本组成部分及其作用，并探究电路通断如何影响用电器工作。从生活实例出发，思考、总结出电路具有能量转化和信息传输的作用，并在机器人中找到电路进行能量转化和信息传输的例子。

活动二：通过为图像编码的不插电活动，理解显示屏怎样通过像素来显示信息，并了解显示信息的原理。

活动三：通过“传感器”竞技活动模拟机器人执行任务时传感器、控制器和执行器的工作过程，进一步理解传感器对于机器人系统的信息输入作用，并体验电路在信息传输过程中发挥的重要作用。

活动四：通过电动机模型的实验演示，直观了解电动机的工作过程，并通过案例分析与模拟演示，初步了解反馈信息在舵机对运动进行精确控制中的重要作用。

第 1 课　机器人中的电路

想一想

你知道吗？人工智能机器人内部藏着复杂的电路，机器人系统中的传感器、控制器和执行器能够发挥作用，都离不开电路。电路是怎样工作的？让我们一起来探索一下吧。

探一探

1. 电源、导线、开关和用电器是一个完整电路的基本组成部分，它们共同协作实现电路的整体功能。请将下面图示元件连成一个电路，并说明哪种情况下电路可以顺利工作。

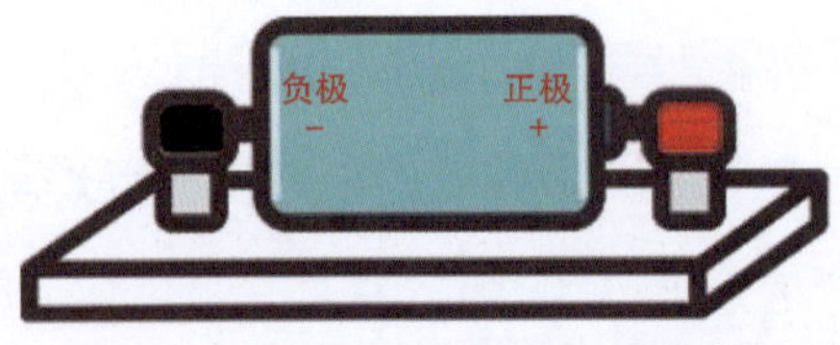

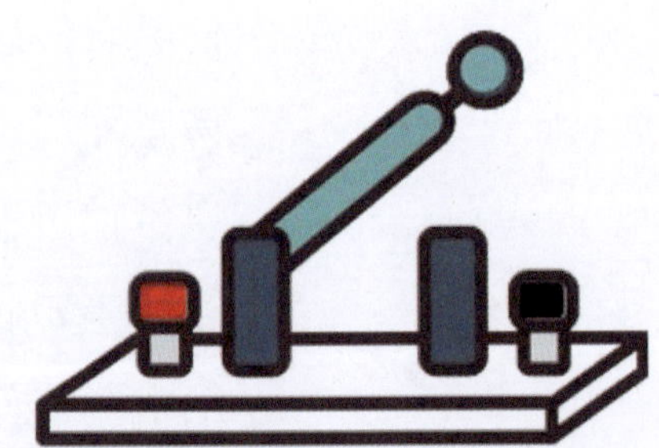

2. 电路在机器人系统中发挥着关键作用，它不仅能够进行能量转化，还能够在机器人系统各部分之间传输信息。请思考并讨论一下，在机器人当中，电路进行能量转化和信息传输的例子各有哪些？

练一练

一、判断题

1. 电路的基本组成部分包括电源、导线、开关、用电器。 (　　)
2. 当电路中的开关处于断开状态时，电流无法通过，这种情况被称为断路。 (　　)

二、单选题

以下情况中电路正在发挥信息传输作用的是（　　）。

A. 电路闭合，电动机开始转动

B. 移动有线鼠标，屏幕上的光标开始移动

C. 通电后，电灯开始发光

D. 电路闭合，蜂鸣器开始发声

三、思考题

某个商场入口处的人工智能机器人检测到有人靠近时，自动做出了“欢迎光临”的迎宾动作，在这个过程中，机器人内部的电路都发挥了哪些作用呢？

第 2 课　机器人的信息显示

想一想

很多机器人身上都有显示屏，它可以让机器人向外展示文字、图片和视频信息，那么，机器人的显示屏是如何工作的呢？它跟电路又有什么关系呢？让我们一起来探索一下吧。

探一探

1. 机器人的显示屏在工作时，它所在的电路是怎样进行能量转化的？这个过程中有没有信息的传输呢？

2. 想让机器人的显示屏显示特定的内容，机器人的控制器需要为其生成相应的信息，如果想让黑白显示屏显示出以下数字，根据课堂所学，控制器需要生成什么样的数字信息呢？

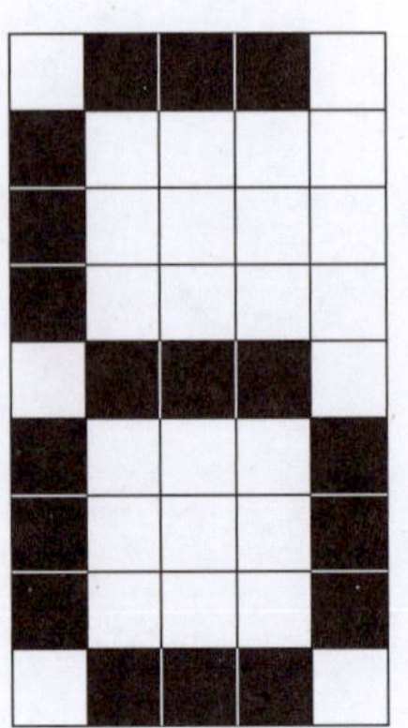

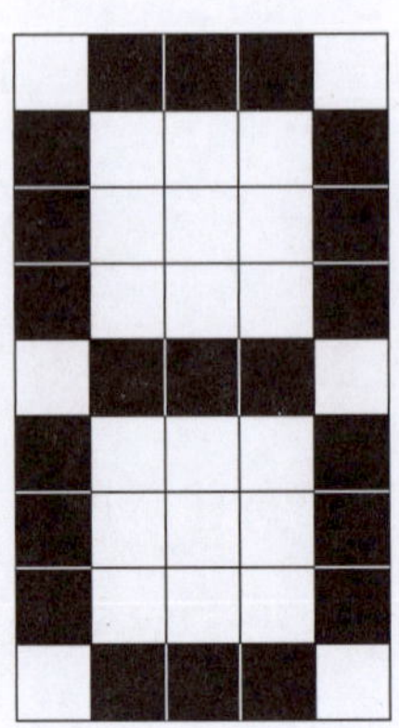

练一练

一、判断题

1. 显示屏是机器人不可或缺的部件之一，它是机器人系统的组成部分。（　）

2. 机器人显示屏工作时，电路只在其中发挥了将电能转化为光能的作用。（　）

二、多选题

以下关于机器人显示屏的描述正确的是（　）。

A. 显示屏显示哪些信息是由机器人的控制器决定的

B. 机器人显示屏工作时将电能转化成了机械能

C. 大量像素组合在一起发光是显示屏能够显示信息的基本原理

D. 显示屏所在电路工作时不涉及信息的传输

三、思考题

图片信息可以用数字信息来表示，除了这种方法，还可以使用另一种简单的方法：如下图所示，先记录一行开始时连续的白色像素数目，然后是连续的黑色像素数目；以此类推，直到整行被编码。值得注意的是：这个数字 8 的第二行，以黑色像素开始，也就是这一行开始时连续的白色像素数目为 0，所以这一行被表示成了“0131”。

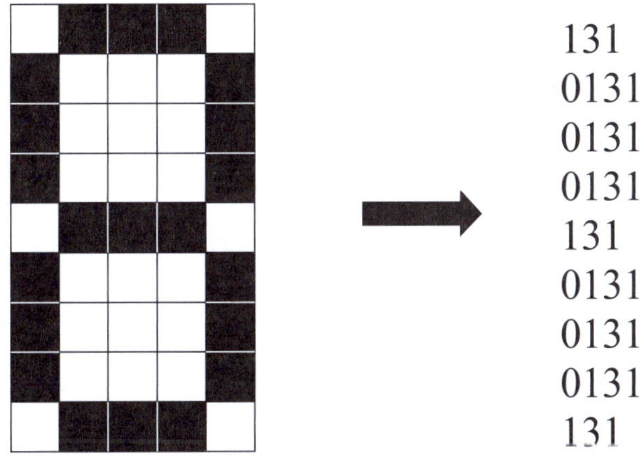

试着利用这种方法编码下面的数字吧。

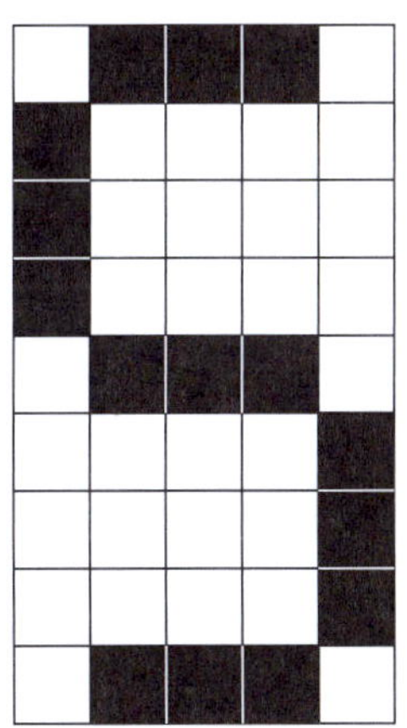

第 3 课　机器人的传感器

想一想

我们知道，机器人的传感器相当于人的感觉器官，那机器人的“感觉器官”是怎样工作的呢？让我们一起来探索一下吧。

探一探

1. 传感器会将外界的环境信息转化为机器人能够处理的电信号，控制器会处理传感器输入的信号并控制执行器完成相应的任务。在这个过程中，信息的传输经历了哪几个环节？将其表示在下图中吧。

   提示：除“传感器、控制器、执行器”之外，别忘了“电路”在其中发挥的重要作用。

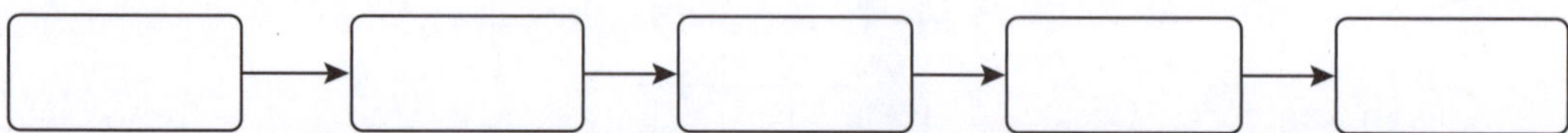

2. 课堂上的“传感器”游戏中，哪个环节是“传感器”在发挥作用？整个游戏过程中，“传感器”“控制器”和“执行器”分别是怎样工作的？

练一练

一、判断题

1. 传感器能够将信息从一种形式转化为另一种形式。（　　）
2. 传感器可以帮助机器人感知周围环境，但并不直接影响机器人的运动和决策。（　　）

二、单选题

机器人传感器的输出信号的类型是（　　）。

A. 电信号

B. 声音信号

C. 光信号

D. 化学信号

三、思考题

传感器在我们的日常生活中有哪些应用？试着举几个例子吧。

第 4 课　机器人的执行器

想一想

我们知道，机器人通常通过运动来为人类服务，机器人做运动的动力来自执行器，机器人的执行器是怎样工作的呢?

探一探

1. 电动机作为机器人的一种重要的执行器，它在机器人执行任务时是怎样工作的呢？试着从能量转化的角度来解释一下吧。

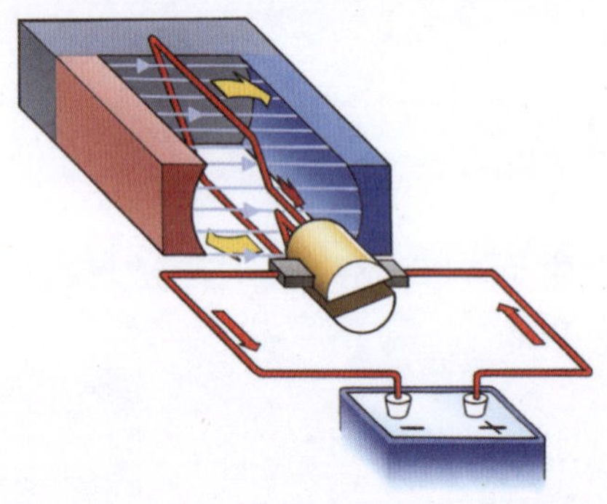

2. 舵机是一个装有控制器、传感器和齿轮组的电动机，请参考下图，并结合传感器、齿轮传动、电路的相关知识，简单解释一下舵机的工作原理吧。

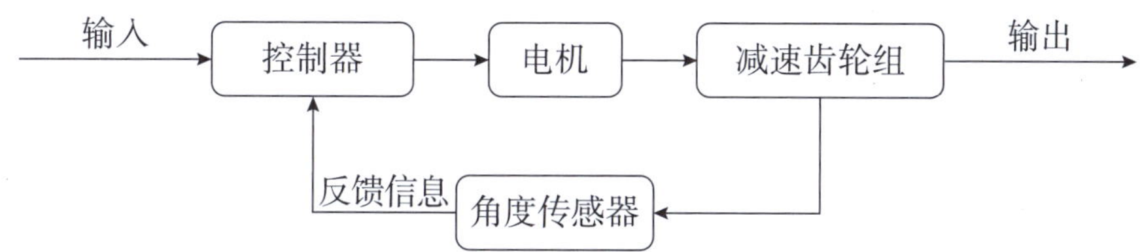

练一练

一、判断题

1. 电动机和舵机都可以精确地控制输出轴的转动角度。 （ ）
2. 舵机中的传感器能够帮助输出轴准确地转到设定的角度。 （ ）

二、单选题

下列选项不是舵机的主要组成部分的是（ ）。

A. 齿轮组

B. 连杆

C. 电动机

D. 控制器

三、思考题

电动机和舵机的主要区别是什么？

知识链接

1. 电路

基本的电路由电源、用电器、开关和导线四个部分组成。其中，导线通常由金属做成，它的内部有大量带有电荷的自由电子，这些自由电子在导线连接上电源后，就会定向移动，形成电流，电流持续流过用电器，用电器就工作了。也就是说，用导线把电源、用电器、开关连接起来，这样一来，电流就可以在其中流动，让用电器工作起来。电流流过的整个路径，就是电路。

毫不夸张地说，现代生活是建立在电路基础上的，电路广泛应用于各种电子设备和系统，包括计算机、手机、机器人、汽车、医疗设备、通信系统等。这些设备和系统依赖电路来实现信号处理、数据传输、能量转化等功能。

2. 彩色电子屏显色原理

彩色电子屏之所以能够显示不同的颜色，一般都遵循了 RGB 三原色混色原理。这个原理是指通过红色 (R)、绿色 (G)、蓝色 (B) 三种原色的不同强弱组合，可以产生出人眼可辨认的各种颜色。

具体来说，彩色电子屏内部都有红色、绿色和蓝色三种独立的亮点阵列，每个亮点的亮度都可以单独控制，在屏幕的每个像素点位置，都有对应的一个红色亮点、一个绿色亮点和一个蓝色亮点，通过调整每个亮点的亮度强弱，就可以产生出不同比例的红、绿、蓝三色光组合，于是，人眼就能感知到不同的颜色了。

比如，将红、绿、蓝三色亮点都开到最大，人眼就会感知到白色；只开红色，就看到红色等。无论是 LCD、OLED，还是其他类型的彩色电子屏，它们显示颜色的原理基本都采用 RGB 三原色混合，通过调节每个像素点对应的 RGB 亮点来实现各种颜色的显示。这是目前电子显示技术的主流方法。

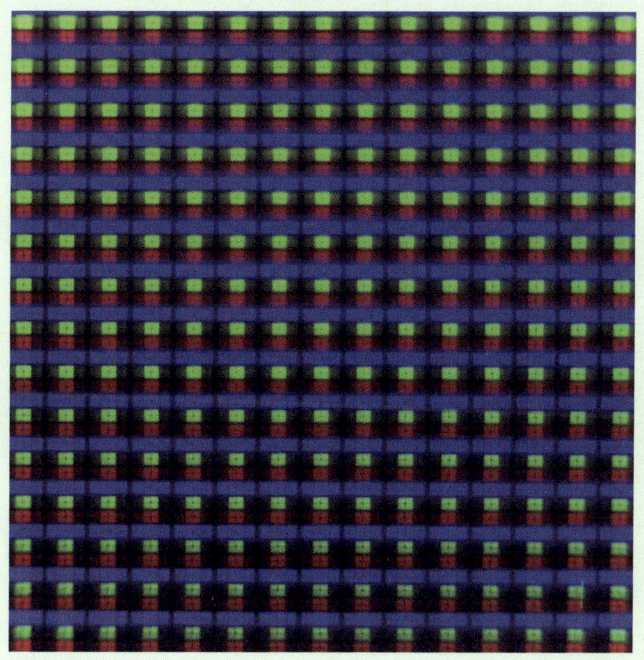

3. 机器人的传感器

传感器是机器人系统的组成部分之一，它能够把接收到的环境信息按照某种规则变换成机器人系统能够处理的信号。有了传感器，具身智能才能具备“感知”功能。

机器人的传感器多种多样，一般可以分为两大类，即内部传感器和外部传感器。

内部传感器用来检测机器人自身的状态，一般安装在机器人自身中，包括位移传感器、速度传感器、加速度传感器和力传感器等，用来感知机器人位置移动信息、内部关节的运动，以及机械结构产生的力及其承受反作用力的情况。

外部传感器用来检测机器人所处环境及目标的信息，它让机器人和环境发生交互作用，包括视觉传感器、触觉传感器、声音传感器、测距传感器等，可以感知周围环境中作用于机器人的视觉、触觉和听觉信息，检测与目标的距离等。

总体来说，机器人的内部传感器主要用于自身内部状态检测，外部传感器用于与外部环境交互和信息获取，它们共同构成了机器人的感知系统。

4. 机器人的执行器

机器人的执行器是这样一种装置，它能接收控制器的控制信号，将电能转化为机械能，进而控制受控对象进行各种预定动作。它好比人类的四肢，人类的大部分动作都需要依靠四肢的配合，比如用手拿东西，用双腿行走；对于机器人来说同样如此，比如靠机械臂抓取物体，依靠轮子进行移动。

机器人的执行器有很多种，比较常见的包括电动机和舵机。电动机由定子和转子组成，通电后转子能够转动，从而将电能转化为动能，也就是机械能的一种。通过与电动机相连的复杂机械结构，机器人就能做出各种动作了。

· 拓展阅读 ·

1. 机器人中的能量转化

自然界中存在着各种能量，举一个简单的例子，我们每天摄入的食物中，就含有丰富的化学能，正是依靠食物中蕴含的化学能，人类才能生存。除了化学能，自然界中还存在着机械能、电能、光能、内能等多种能量形式。

自然界中的各种现象都是互相联系的，能量同样如此。经过长期探索，科学家发现能量转化是非常普遍的，在一定条件下，各种形式的能量可以相互转化。太阳光可以发电，就是光能转化为电能；我们吃完饭有力气运动，就是化学能转化为机械能。

同样，机器人在运行过程中也涉及能量的转化。

（1）电能转化为机械能：机器人的执行器通常是电动机，它由电能驱动而转动，电动机转动进而带动其他机械结构动起来，就将电能转化为机械能。

（2）化学能转化为电能：机器人内部通常配备电池为电路系统供电，电池内进行的电化学反应将化学能转化为电能，为机器人提供能量。

（3）电能转化为光能：有些机器人装配了电子屏幕显示文字或图片信息，这是屏幕中的像素发光体将电能转化为光能的结果。

以上就是机器人运行过程中常见的几种能量转化，其中电动机工作时将电能转化为机械能，是最主要的能量转化方式。

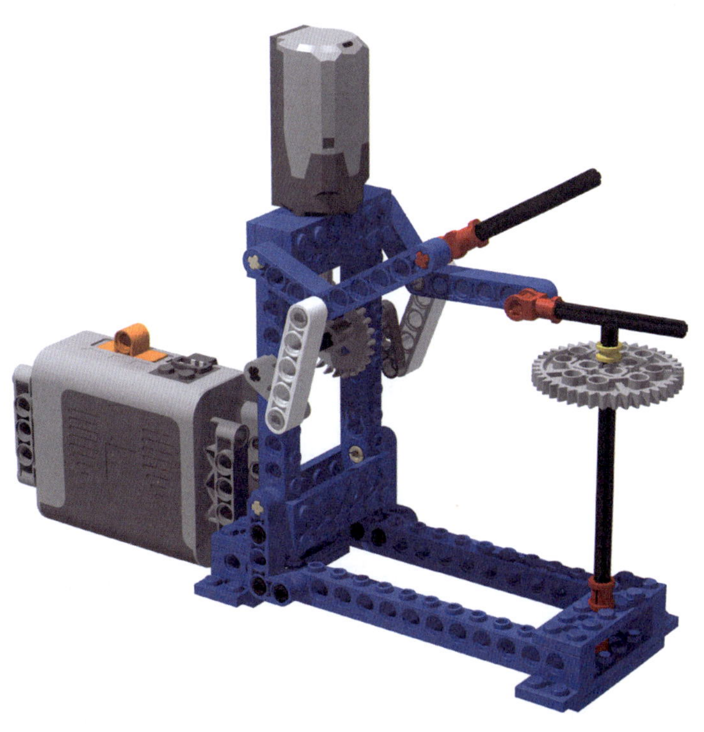

2. 智能传感器

传感器是机器人系统的核心组成之一，对于机器人的发展起了巨大的推动作用。作为与通信技术、计算机技术并重的现代信息产业三大支柱之一，传感技术正在快速发展。

新一代传感器——智能传感器是一种集传感、数据处理和通信功能于一体的新型传感器，与传统传感器相比，智能传感器的主要特点如下。

（1）内置微处理器。智能传感器内置微处理器，能对传感数据进行初级处理，如过滤、特征提取等。

（2）智能化。智能传感器具有一定的智能化功能，如故障预测、状态识别等。

（3）通信能力强。智能传感器内置无线通信模块，能实现与外部设备的无线通信。

有了智能传感器，机器人的环境感知能力将得到增强，依靠收集到的高质量、丰富的环境信息，人工智能机器人能够更好地进行深度学习，提升智能水平。

3. 闭环控制

闭环控制是一种有反馈信息的控制，举一个使用燃气炉烧水的例子来说明。

用燃气炉烧水，常规操作是这样的：调整燃气炉的阀门可以控制火焰的大小，这样就能控制水温升高的快慢了，但是水温的控制就得依靠人来把握，无法做到水沸腾之后自动关火。这是开环控制。

而增加一个温度传感器用于检测水温，就能实现水沸腾后自动关火的控制了，想要实现这种控制，还需要控制器的帮助。整个控制过程是这样的：在控制器中设置好水温要达到 100℃的设定值，然后阀门打开点火烧水，在随后的过程中，温度传感器会不断地检测水温，这就是在提供反馈信息，并且将反馈信息跟设定值做比较，只要没有达到设定值，燃气炉的阀门就一直处在打开状态。一旦检测到水温达到了 100°C的设定值，控制器就会发出关闭阀门的信号，这样一来，就实现了水开后自动关火的效果了，这种控制过程叫作闭环控制。

因为存在反馈信息，整个控制过程就形成了一个闭合环路，这就是这种控制被称为闭环控制的原因。

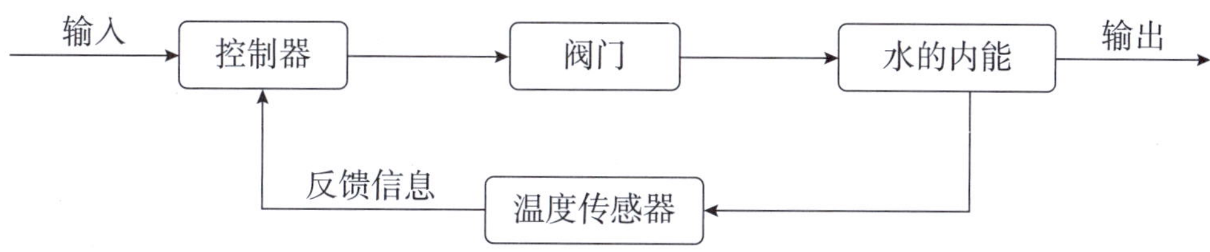

4. 舵机的工作原理

在人工智能机器人当中，舵机是一种常用的执行器，一般由外壳、电路板、直流电动机和减速器组成。舵机的一般工作过程如下。

（1）电动机驱动。在接收到控制器的信号之后，电路板中的微处理器会设定好需要舵机转动的位置数值，然后舵机中的直流电动机开始工作，电动机由定子和转子组成，通电后二者产生相互作用的磁场，转子开始转动。

（2）齿轮传动。直流电动机产生的转动通过内置的减速齿轮传动机构进行减速，通过输出轴的转动将运动和力传递出去。

（3）位置反馈。舵机内置有位置传感器，它可以实时检测和反馈输出轴的转角位置信息。

（4）闭环控制。通过电路板中的微处理器对比设定值和实际反馈值的差异，实时调整电动机转速，使输出轴的位置能够精确地达到设定值，并保持静止。

· 项目评价 ·

本项目完成后，请你按照评价表对学习过程进行评价。

序号	评价内容	达成情况		
		达成	部分达成	尚需努力
1	知道电路的基本组成部分包括电源、导线、用电器、开关，并了解电路通断能控制用电器是否工作			
2	能够初步理解机器人中的电路具有信息传输和能量转化的作用			
3	理解机器人显示屏中像素是怎样发挥作用的，了解机器人显示屏显示信息的原理			
4	知道机器人显示屏显示信息的过程中存在信息传输和能量转化			
5	知道机器人中的传感器能将外界环境信息转化为机器人能够处理的电信号，并通过电路传输给机器人控制器			
6	知道电动机和舵机是机器人最常使用的执行器，它们可以为机器人的运动提供动力			
7	能够从能量转化的角度解释电动机的工作原理			
8	了解舵机的工作过程，初步理解反馈信息在其中发挥的重要作用			
9	积极参与讨论与分享，在讨论与分享过程中能够清晰表达个人想法，并能认真倾听同伴的观点			

项目三

机器人的控制中枢

同学们，控制器是机器人系统的关键组成部分，它在人工智能机器人感知、决策和执行的过程中发挥着中枢作用。它能够为机器人做出运动规划、路径规划，能够运行复杂的算法程序，这些都是怎么做到的呢？人工智能机器人的“大脑”是怎样思考的？这个项目，让我们一起来探索机器人控制中枢的秘密。

项目目标

1. 进一步理解控制器在机器人系统中的中枢作用，并知道控制器中运行的程序就是实现算法的一种方式，机器人通过算法来解决问题。
2. 了解机器人运动规划的概念，能够运用运动规划的基础知识分析机器人怎样做出一系列动作。
3. 了解什么是路径规划，并能通过栅格法知道路径规划的原则、基本过程，以及需要解决哪些问题。

4. 了解循环结构是算法的基本控制结构之一，能通过生活经验理解“循环”，并能确认循环体，从而用循环结构程序解决机器人重复执行任务的问题。
5. 进一步理解机器人执行运动任务时，其系统各部分发挥的重要作用，包括控制器的运动规划与路径规划、执行器的移动控制、机械结构的传动控制等。

项目过程

本项目设计了 5 次课，共 5 个学习活动，同学们将在老师和人工智能机器人的引导下，通过观察、讨论、小组合作等方式完成项目活动，达成学习目标。

活动一：体验“数字排序”的不插电活动，关注机器人怎样通过算法来解决问题，并对比人给数字排序的过程，了解机器人解决问题与人解决问题的差异。

活动二：编写程序控制机器人完成一系列组合运动，并解读其中的运动规划过程，加深对运动规划的理解。

活动三：模拟栅格法为机器人所处环境建模，完成路径规划中识别障碍物、搜索可能的路径、选择最优路径的过程，初步理解路径规划的工作原理。

活动四：在理解“循环”概念的基础上，设计循环结构程序，完成机器人运动循环的任务挑战。

活动五：设计程序控制机器人完成避障任务，并综合运用本学期所学知识，解读机器人系统各部分在任务中怎样发挥作用。

第 1 课　机器人的控制器

想一想

我们知道，机器人的控制器就是它的“大脑”，机器人的“大脑”是如何工作的？让我们一起来探索一下吧。

探一探

1. 把数字按照从大到小的顺序排列起来，这看起来非常简单，好像不经过思考就能完成。但其实再简单的排序都经过了大脑的思考，现在以“6、3、4、5、1、2”这几个数字的降序排列为例，把思考过程用流程图画出来。

2. 机器人需要依靠算法来解决问题，简单来说，算法就是解决问题的方法、步骤。对于同样的数字排序问题，机器人怎样用算法解决问题呢？完成下面的活动感受一下吧。

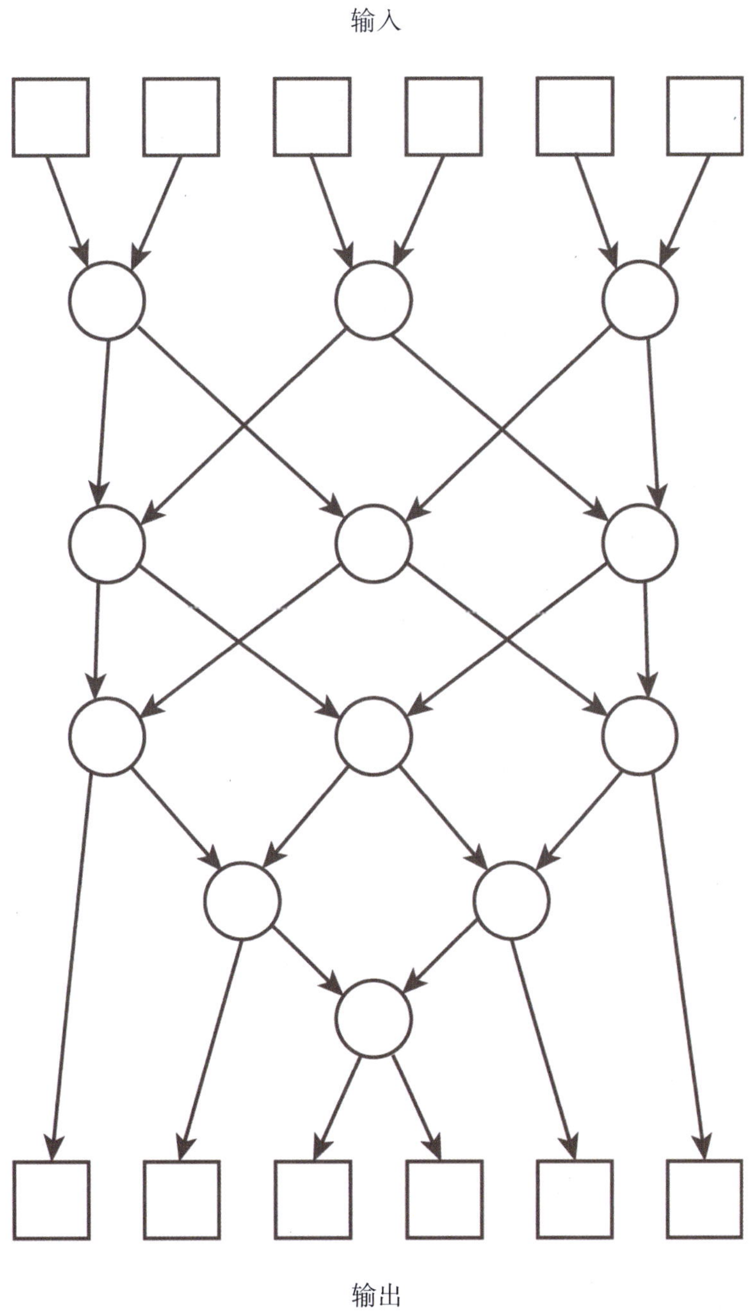

输入

输出

练一练

一、判断题

1. 机器人解决问题通常需要算法的帮助。（ ）

2. 解决同一个问题往往可以使用不同的算法。（ ）

二、单选题

在机器人程序设计中，解决某一个问题的步骤或方法被称作（ ）。

A. 算法

B. 模式识别

C. 分解

D. 迁移

三、思考题

机器人手臂的运动、无人驾驶汽车的行驶都离不开算法的支持。你能再举几个运用算法帮助机器人为人类服务的例子吗？

第 2 课　机器人的运动规划

想一想

控制器作为机器人的“大脑”，它在机器人执行任务时发挥着统领全局的作用，包括做出运动规划等。运动规划是什么？控制器在为机器人做运动规划时需要考虑什么问题？让我们一起通过本次课的探索了解一下吧。

探一探

1. 想要通过多个动作组合来完成任务，对于机器人来说并不简单，这涉及运动规划。以课堂活动为例，为宾果机器人做出运动规划吧。

2. 宾果机器人的机械结构中有多个部位可以动起来，利用这些运动为宾果机器人设计一套复杂的动作吧，比如跳个舞活跃一下课堂气氛。想要完成这样的任务，需要为它做出怎样的运动规划呢？用流程图表示一下吧。

练一练

一、判断题

1. 机器人运动规划需要考虑运动时的平衡问题。（　　）
2. 机器人运动规划应该要顾及人的安全。（　　）

二、单选题

下列选项中关于机器人运动规划描述不正确的是（　　）。

A. 运动规划涉及动作排序

B. 运动规划要考虑机器人能做哪些动作

C. 运动规划主要由控制器完成

D. 运动规划是机器人执行器的功能

三、思考题

宾果机器人想要沿着下面的路线移动，需要做出怎样的运动规划呢？

第 3 课　机器人的路径规划

想一想

我们知道，无人驾驶汽车也是一种人工智能机器人，它在做运动规划时，需要考虑从起点到终点哪一条路线最优，还需要实时躲避障碍并按规则行驶，这都是路径规划要解决的问题。那么，这种机器人怎样进行路径规划呢？

探一探

1. 路径规划需要解决哪些最基本的问题？请把你的想法写下来。

2. 设想自己是一台人工智能机器人，请为你所处的环境绘制一张栅格图，标出起点、终点和障碍物的位置，然后规划一条从起点到终点的最短路线，并分析一下路径规划的过程。

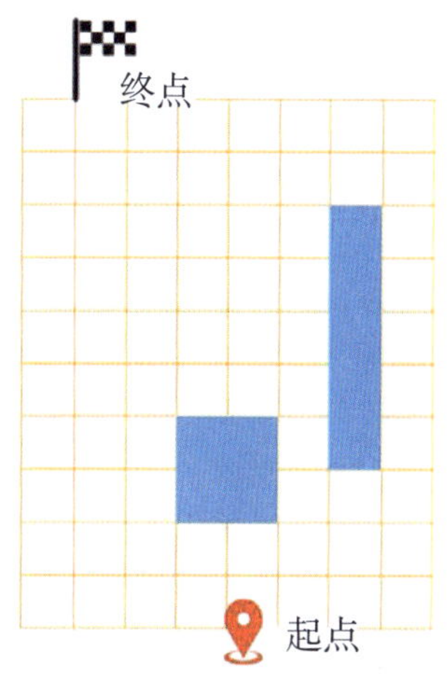

练一练

一、判断题

1. 绘制栅格图是机器人进行路径规划的一种方法，能够简化路径规划问题。（　　）

2. 路径规划能够帮助机器人找到一条从起点到终点的最优路径。（　　）

二、单选题

下列选项不是人工智能机器人在路径规划中要解决的基本问题的是（　　）。

A. 路径搜索　　B. 环境建模

C. 路径优化　　D. 运行平稳

三、思考题

你还知道生活中有哪些路径规划的例子？跟同学讨论一下吧。

第 4 课　机器人的运动循环

想一想

我们知道，机器人特别擅长从事重复性高的工作。想让机器人重复相同的动作，需要它的算法中出现一种特别的控制结构，叫作循环结构。循环结构是怎么回事呢？机器人怎样用循环结构程序来解决问题呢？让我们一起来探索一下吧。

探一探

1. 循环现象在生活中很常见，你能从下面这段文字中找出哪些循环现象呢？

　　日与夜的交替，是明与暗的轮回；绿叶落了，又生，花开了，又谢，这是大自然的节律。我们的心跳、呼吸，以及那不断更迭的季节，都是生命旋律的一部分。

2. 确定循环体是使用循环结构程序控制机器人完成任务的关键。想让宾果机器人耳部灯光闪烁 5 次，这段循环结构程序的循环体是什么呢？完整的程序又是怎样的呢？请把你设计的程序画出来吧。

练一练

一、判断题

1. 循环体是循环结构中需要重复运行的一段程序。（ ）
2. 当机器人面对重复任务时，循环结构可以有效地简化程序。（ ）

二、多选题

下列选项是算法的基本控制结构的有（ ）。

A. 分支结构

B. 循环结构

C. 顺序结构

D. 条件结构

三、思考题

观察一下，生活中哪些电子设备中的特定功能是用循环结构程序来控制的？

第 5 课　机器人避障前进

想一想

宾果机器人在执行一项运动任务的背后，藏着哪些秘密呢？它的机械结构是怎样动起来的？它的传动机构发挥了哪些作用？涉及哪些电路的参与？它的路径规划和运动规划是怎样的？控制它的程序是什么结构？让我们一起通过本次课的任务综合分析一下吧。

探一探

1. 控制宾果机器人在前进的道路上绕开障碍物，并在绕开障碍物后，面向障碍物停止。你会怎样编写程序呢？请把流程图画出来吧。

2. 宾果机器人在执行避障前行的任务时，它的系统各部分发挥了哪些作用？

(1) 它的控制器是怎样根据程序要求完成运动规划的？

(2) 它的控制器运行的程序中，包含了算法的哪些控制结构？

(3) 它的执行器是如何执行控制器的指令进行转向的？

（4）它的哪部分机械结构动起来了？

练一练

一、判断题

1. 路径规划是人工智能技术的重要应用之一。（ ）
2. 差速转向通过控制轮式机器人两侧轮子的转速差异来实现转向。（ ）

二、多选题

在机器人避障前进的过程中，机器人的电路发挥的作用是（ ）。

A. 能量转化，将电能主要转化为机械能

B. 能量转化，将电能主要转化为光能

C. 传输信息，将控制器的控制信号传给执行器

D. 传输信息，将传感器的输入信号直接传给执行器

三、思考题

结合本学期所学内容，思考人工智能技术能对机器人的运动控制提供了哪些支持和优化。

知识链接

1. 机器人的控制器

机器人的控制器是一个能依照人类编写的程序或者传感器接收到的反馈信息控制机器人完成相应动作或任务的装置。对于具身智能来说，控制器是实现其学习与行为控制的关键部分。机器人的控制器通常是一块电路板、一个封装着电路板的控制盒或一个具有操作系统的计算机。

控制器的作用是汇总机器人传感器的信息及外界的程序指令，并对输入的信息进行处理分析，最后根据处理结果控制执行器完成任务。因此，控制器的工作过程分为以下三个环节。

（1）输入：收集汇总机器人传感器的信息及外界的程序指令。

（2）计算：对输入的信息进行处理分析。

（3）输出：根据处理结果发出行动指令，控制执行器完成任务。

2. 机器人中的芯片

机器人的控制器想要完成对输入信息的分析处理，并根据处理结果控制执行器完成任务，离不开中央处理器、微控制器等芯片的帮助。

中央处理器是机器人系统真正的大脑，它作为机器人系统的运算和控制核心，是信息处理、程序运行的最终执行单元。中央处理器的内部还可以再细分为算术逻辑单元、控制单元、寄存器等组成部分。

微控制器是将微型计算机的主要部分集成在一个芯片上的单芯片控制装置，也称“单片机”，它通常是一块体积很小的芯片。

中央处理器是整个系统的主控芯片，负责高级控制和复杂运算；而微控制器作为中央处理器的辅助处理器，负责传感器采集、执行器控制等任务。

常见的传统芯片，其两侧或四周都有很多金属引脚。引脚是指芯片内部电路所引出的与外部电路进行连接的金属接点，它们组成了芯片与外界进行信息交互的接口。

3. 算法中的基本控制结构

简单来说，算法就是对解决问题的方法和执行步骤准确而完整的描述。在人工智能机器人的世界中，解决问题的算法，可以分为三种基本结构，分别是顺序结构、循环结构和分支结构。这三种结构在日常生活中也很常见。

顺序结构：例如做米饭的过程，首先洗米，然后放入锅中煮，煮好后盛出来。这是按照规定好的顺序一步接一步进行的操作。

循环结构：例如每天早上起床后洗漱、吃早饭，然后出门上学，放学后回家，这个过程通常每周都会重复五次，其中就包含了循环。

分支结构：例如是否带伞，如果正在下雨或将要下雨，那么出门时就带伞，否则不带伞。这里根据天气分成两种情况，采取不同的处理方式。

也就是说，顺序结构对应着按先后顺序进行的任务，循环结构对应着重复进行的任务，而分支结构对应着根据不同条件采取不同处理方式的任务。

·拓展阅读·

1. 基于大语言模型的人工智能机器人

以 ChatGPT 为代表的大语言模型之所以那么“聪明”，是因为这些模型经过了大规模文本数据的预训练，从这些文本数据中，它们可以学习到丰富的语言知识，然后通过微调来适应特定的任务或领域。

如果将这种“智能”应用于机器人，那么机器人会发生哪些变化呢？

（1）更强大的语音控制：应用了大语言模型之后，人工智能机器人将会更好地理解人们发出的语音指令，先是通过语音识别技术将用户的语音转换为文字，预先训练的大语言模型能够很好地理解这些文字信息，从而使得用户能够用语音控制机器人完成多种复杂的任务。

（2）更好的动作规划与执行：机器人能够理解语音中的动作指令，意味着它有很强的上下文理解、推理能力，能够对任务指令做出合理的推理规划。比如执行指令“从抽屉中给我拿饼干”，应用大语言模型的机器人就能推理出多个子步骤，包括：到达抽屉处，打开抽屉，将饼干拿出抽屉，带给使用者，放下物品。它能够综合考虑人的指令、自己的运动状态反馈、目标物及其环境的视觉信息等多种因素，合理规划出自己的移动、动作序列，确定关节运动的角度和路径等，从而顺利完成任务所需要的一系列操作。

（3）多模态交互：与其他传感器数据进行融合，实现多模态交互。机器人可以在分析语音指令的同时，结合视觉传感器获取的图像信息，进一步理解和识别目标物体的特征和位置。这种多模态的交互方式可以提高机器人的感知能力和操作精度。

目前，已经有研究机构将大语言模型应用在了智能机器人当中，并且取得了很不错的效果。相信在不久的未来，更加智能的机器人将深刻改变这个世界。

2. 循环结构的不插电活动

循环结构是指在程序中需要反复执行某个功能而设置的一种结构。生活中也存在很多循环结构的例子，比如日出日落、四季更替等。在图形化编程中，循环结构可以省去反复拼装积木块的步骤，提高编程效率。下面这个不插电活动，会帮助你更好地理解循环结构的含义。

活动说明：机器人要依次去寻找工具、砍树、造船，再回到原地，且要和最初面向同样的方向（初始时，机器人面向工具的方向）。地图中间的石头为障碍物，不可穿越。

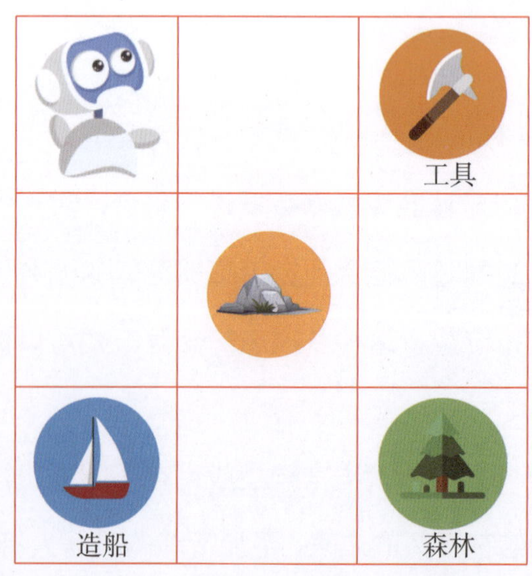

（1）认识移动指令卡。下面是一套移动指令卡，包括“前进一格”“左转”“右转”三种指令。

以“机器人先找到工具，然后再右转准备去砍树”为例，机器人首先要前进 2 格找到工具，然后再右转，可以用如下指令卡片表示机器人的移动规划。

（2）用移动指令卡给机器人进行路径规划，结果如图所示。

（3）认识循环指令卡。下面是一套循环指令卡，包括“循环次数”“循环开始”“循环结束”三种指令。可以利用这套指令卡优化前面的移动规划。

以机器人回家为例，它需要向前移动 4 个格子，也就是说“前进一格”要重复 4 次，所以可以用如下卡片表示机器人的移动规划。

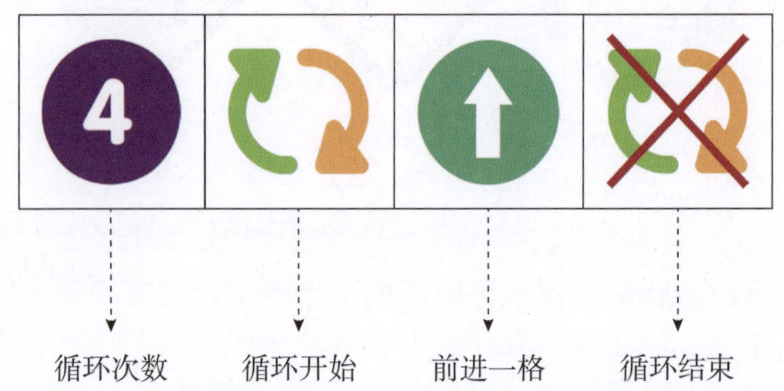

（4）仔细观察（2）中的路径规划，会发现其中有重复的指令，可以将重复的指令组合在一起，使用循环指令卡进行优化，结果如图所示。

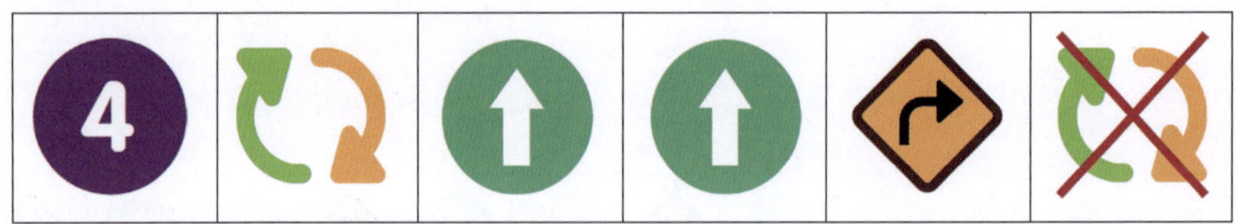

· 项目评价 ·

本项目完成后，请你按照评价表对学习过程进行评价。

序号	评价内容	达成情况		
		达成	部分达成	尚需努力
1	理解控制器在机器人系统中的中枢作用，并知道控制器通过运行程序来控制机器人解决问题			
2	能初步理解运动规划的作用，能运用运动规划基础知识分析机器人做动作的过程			

续表

序号	评价内容	达成情况		
		达成	部分达成	尚需努力
3	了解什么是路径规划，并知道路径规划的原则、基本过程及需要解决哪些问题			
4	了解循环结构是算法的基本控制结构之一，能用生活经验解释什么是“循环”			
5	能找到循环结构的循环体，能用循环结构程序解决机器人重复执行任务的问题			
6	能够分析出机器人执行避障任务时，它的系统各部分发挥了哪些重要作用			
7	积极参与讨论与分享，在讨论与分享过程中能够清晰表达个人想法，并能认真倾听同伴的观点			

综合测评

一、判断题

1. 机器人的机械结构一般由机身、移动机构、传动机构、机械臂四部分组成。（　）
2. 人们使用杠杆时只会选择省力杠杆，不会选择费力杠杆。（　）
3. 大、小齿轮相互啮合工作时，小齿轮转速高，大齿轮转速低。（　）
4. 差速转向是利用左、右轮子的转速差异来实现轮式机器人的转向的。（　）
5. 电源、导线和开关就可以组成一个简单实用的电路。（　）
6. 机器人显示屏工作过程中既存在信息传输，又存在能量转化。（　）
7. 路径规划就是计算从起点到终点的距离。（　）

二、单选题

1. 在一个多障碍物的环境中，对机器人的路径规划产生最大影响的是（　）。

   A. 光线条件

   B. 障碍物的大小和形状

   C. 路径是否笔直

   D. 机器人移动速度

2. 机器人想要感知环境温度，需要用到的传感器是（　）。

   A. 超声波传感器

   B. 光电传感器

   C. 温度传感器

   D. 颜色传感器

3. 机器人想要精确控制其手臂的动作，应该选用（　）。

   A. 电动机

   B. 舵机

C. 以上两种都可以

D. 不确定

4. 要给机器人设计一个高速移动机构，下列最合理的组合是（　　）。

A. 杠杆、电动机

B. 齿轮、电动机

C. 杠杆、舵机

D. 齿轮、舵机

5. 如果机器人显示屏处在点亮状态但是没有画面，可能的原因是（　　）。

A. 电源故障

B. 信息传输故障

C. 导线连接不良

D. 以上情况都有可能

三、综合题

1. 风力发电机的内部有齿轮。请简单描述一下，齿轮在风力发电的过程中起到了什么作用？在这个过程中能量是怎样转化的？

2. 下图中，机器人的回家之路充满了各种挑战，有鲨鱼经常出没的海域，也有暴风雨的袭击，请使用下面的指令卡片为机器人规划一条安全的回家路线，这条路线必须经过补给站进行能量补给。请开动脑筋，将路径规划表示在空白方框中。

				家
		补给站		

练一练及综合测评
参考答案